O PAPA QUE AMA O FUTEBOL

Michael Part

O PAPA
QUE AMA O FUTEBOL

Tradução
HELOÍSA LEAL

Rio de Janeiro, 2014
1ª Edição

Copyright © 2013 by Sole Books

TÍTULO ORIGINAL
The Pope who Loves Soccer

CAPA
Raul Fernandes

FOTOS DE CAPA E CONTRACAPA
Serviço Fotográfico de L'Osservatore Romano

FOTOS DO MIOLO
Página 31: Reuters/Cortesia de Maria Elena Bergoglio/Handout
Página 51: Reuters/San Lorenzo/Handout
Página 114: Reuters/San Lorenzo/Handout

DIAGRAMAÇÃO
editoríârte

Impresso no Brasil
Printed in Brazil
2014

CIP-BRASIL. CATALOGAÇÃO NA PUBLICAÇÃO
SINDICATO NACIONAL DOS EDITORES DE LIVROS, RJ

P276p

Part, Michael
  O Papa que ama o futebol / Michael Part; tradução Heloísa Leal. – 1. ed. – Rio de Janeiro:
Valentina, 2014.
  116p. : il. ; 21 cm.

  Tradução de: The Pope who loves soccer
  ISBN 978-85-65859-40-0

1. Francisco, Papa, 1936- . 2. Papas – Biografia. I. Leal, Heloísa. II. Título.

14-14945

CDD: 922.21
CDU: 929:2-725

Todos os livros da Editora Valentina estão em conformidade com
o novo Acordo Ortográfico da Língua Portuguesa.

Todos os direitos desta edição reservados à

EDITORA VALENTINA
Rua Santa Clara 50/1107 – Copacabana
Rio de Janeiro – 22041-012
Tel/Fax: (21) 3208-8777
www.editoravalentina.com.br

A minha mãe e meu pai.

Sumário

Capítulo 1 *Duas Chegadas* 9

Capítulo 2 *Dois Continentes* 15

Capítulo 3 *Camisa Número 4* 23

Capítulo 4 *O Ano Mais Incrível de Todos* 33

Capítulo 5 *O Torcedor* 39

Capítulo 6 *Duas Cidades* 49

Capítulo 7 *Aulas de Culinária* 61

Capítulo 8 *Coisas da Idade* 71

Capítulo 9 *Somos Todos Iguais* 79

Capítulo 10 *Duas Confissões* 91

Capítulo 11 *Aceito* 99

Capítulo 12 *Um Papa* 107

Epílogo 113

Agradecimentos 115

Capítulo 1

Duas Chegadas

O transatlântico **Principessa Mafalda**, tendo zarpado há duas semanas de Gênova, Itália, é jogado entre as ondas, à deriva, o eixo da hélice de estibordo despedaçando-se nas águas turbulentas do litoral do Brasil. O eixo finalmente se solta, girando e abrindo grandes rombos no casco. Uma onda monstruosa atinge o navio, engolfando-o...

★ ★ ★ ★ ★

Em algum lugar do outro lado do Atlântico, nas primeiras horas da manhã, o Cardeal Jorge Mario Bergoglio, arcebispo de Buenos Aires, dormia em sua poltrona num Boeing. Quando as rodas do avião tocaram a pista do aeroporto de Fiumicino, ele acordou. Havia aterrissado em Roma, depois de voar a noite inteira. A Igreja Católica Romana o convocara ao Vaticano para formar um conclave com outros cento e quinze cardeais do mundo inteiro, a fim de eleger um novo papa, o líder da Igreja Católica. Quando todos os cardeais do mundo se reúnem, eles formam o Colégio de Cardeais. A eleição de um novo papa é uma grande notícia, que o mundo inteiro acompanha com interesse.

Duas semanas antes, Bento XVI – Joseph Ratzinger –, papa anterior e amigo do cardeal, abdicara inesperadamente. Sentia que não tinha mais condições de cumprir com seus deveres, devido à idade avançada. Essa era a primeira vez que um papa abdicava desde Gregório XII, em 1415.

O cardeal deu uma olhada no relógio. Eram nove e meia da manhã do dia 3 de março de 2013. Fazia muito tempo que não dormia até uma hora dessas. Para ele, já era o meio do dia, pois costumava acordar pontualmente às quatro e meia. Esticou as pernas e seus pés bateram na poltrona da frente. Quando a Igreja o chamou a Roma, ofereceu-lhe uma confortável poltrona na classe executiva, mas ele preferiu uma na classe econômica. "Doem o restante do valor para os pobres", instruiu-os. "Eles precisam mais do dinheiro do que eu de uma poltrona confortável." Ele nunca viajava com as vestes cardinalícias, e usava uma batina preta clerical.

Em Roma, ainda fazia frio. O cardeal vestiu um sobretudo preto. Mal podia esperar para chegar à cidade e caminhar no meio do povo. Seus pais, Mario e Regina, eram do Norte da Itália, e ele aprendera a falar o idioma fluentemente em pequeno, graças à avó, Rosa.

★ ★ ★ ★ ★

Rosa Bergoglio andava de um lado para o outro diante do marido, Giovanni, e do filho, Mario, que estavam sentados em um divã na sala do apartamento de quarto andar da família em Buenos Aires. Era o dia 17 de dezembro de 1936. Mario se pôs de pé, nervoso, quando ouviu a esposa, Regina, gritar.

— Ela está morrendo? — perguntou.

Sua mãe, Rosa, fez com que ele voltasse a se sentar.

— Não, Mario. Ela está dando à luz. Dê-lhe um tempo.

Giovanni Bergoglio deu um tapinha nas costas do filho.

— É isso que acontece quando um bebê chega. E não se esqueça: "Deus traz um pão para cada bebê".

Mario assentiu, respeitoso.

— Você ficou nervoso quando eu nasci, papai? — perguntou.

Rosa lançou um olhar para Giovanni, que se sentiu encolher sob seus olhos vigilantes.

— Eu estava no meio do mato.

— Ele foi dar uma volta — explicou Rosa. — Não aguentou o calor.

Mario riu e Rosa deu um sorriso carinhoso para o marido.

— Ela tem razão — continuou Giovanni. — Não aguentei, mesmo.

Então, um bebê chorou no outro quarto, e Rosa, Giovanni e Mario se entreolharam. Rosa assentiu, sorrindo. Nem assim qualquer um deles disse uma

palavra, até que a parteira surgiu segurando o recém-
-nascido de Mario. O bebê chorava a plenos pulmões,
seu berreiro ecoando entre as paredes da casa.

— Parabéns! É um menino! — anunciou. — Regina
gostaria de chamá-lo de Jorge Mario — acrescentou,
colocando o bebê nos braços do pai.

Mario pegou o filho recém-nascido, olhou para os
pais e disse:

— Será que é cedo demais para levar Jorge à sua
primeira partida do San Lorenzo?

Todos riram.

Capítulo 2

Dois Continentes

Enquanto esperava na fila da alfândega, o cardeal abriu sua valise preta para se certificar de que estava com o breviário de orações em dois volumes, a agenda, a carteira e a passagem de volta. As pessoas acreditavam que o novo papa provavelmente seria um italiano ou um norte-americano. O cardeal não esperava ser eleito papa. Para ele, não haveria mais chances depois que, em 2005, ficara em segundo lugar, perdendo para o amigo, o Papa Bento XVI. Esperava voltar para Buenos Aires a tempo para a Semana Santa. Tinha escrito uma homilia durante o voo e queria muito lê-la para o seu rebanho.

Mas havia um velho provérbio que seu pai, Mario, costumava dizer para ele e seus outros irmãos quando davam como certo o desfecho de uma situação. Explicava que era uma adaptação de algo que o grande Albert Einstein dissera uma vez:

Quer ver Deus rindo? Faça planos.

★ ★ ★ ★ ★

Em 1927, Mario Bergoglio, pai do cardeal, então um rapaz de apenas vinte e um anos, sacolejava no assento de sua charrete, aproximando-se do porto da cidade italiana de Gênova. Quando chegou às docas, puxou as rédeas com força. "Ferma!", gritou para o velho cavalo, que, satisfeito, estacou bruscamente. Viajara durante um dia inteiro desde Portacomaro, sua comuna nas montanhas, a cem quilômetros ao norte, no Piemonte.

Mario saltou da charrete. Dirigiu-se apressado ao prédio da companhia de viagens marítimas Navigazione Generale Italiana, tirou o chapéu e entrou.

Mario sentou-se diante do agente de viagens, que o olhou de alto a baixo, observando bem suas roupas. Pelo visto, havia algo errado. O agente verificou seus papéis. Tornou a olhar para ele. Mario se remexeu na cadeira, desconfortável.

— Lamento, mas todos os camarotes do **Principessa Mafalda** *já estão reservados — informou o agente, por fim.*

— Mas a minha família fez reservas há meses — argumentou Mario, levando a mão ao bolso interno do paletó e tirando um papel, que desdobrou e empurrou sobre a mesa para o sujeito.

O agente pegou o papel sem se abalar, deu uma rápida olhada nele e o empurrou de volta para Mario.

— Pelo que vejo aqui, o valor das passagens está muito baixo — disse, batendo com o dedo no papel. — Alguém cometeu um equívoco. Essa cabine foi reservada por um valor muito superior. Próximo — chamou o agente, esticando o pescoço para a família que estava na fila atrás de Mario, indicando que era a sua vez.

— Mas será que o senhor não teria alguma acomodação disponível em outra classe? — insistiu Mario, recusando-se a levantar da cadeira.

— *Eu já disse.* O Principessa Mafalda *não tem mais acomodações. Em qualquer classe — frisou o agente.* — PRÓXIMO!

Mario ficou profundamente abatido. Sonhava com o dia em que deixaria sua cidadezinha e viajaria para o Novo Mundo. Em Buenos Aires, seus tios prosperavam. Na Itália, era o tempo das vacas magras. Estava difícil para os Bergoglio se sustentarem. Ele não via qualquer futuro na cidade de Portacomaro. E não podia se imaginar vivendo sob o jugo de um ditador fascista, Mussolini, que governava o país com mão de ferro. Mal podia esperar para ir embora.

Mas agora… todos os seus sonhos haviam sido desfeitos.

Duas semanas depois, Mario José Bergoglio entrava correndo na casa da família em Portacomaro. Seus pais, Rosa e Giovanni, punham a mesa para o jantar. Mario jogou o jornal em cima da mesa, diante dos dois. A manchete era uma das maiores que já tinham visto, o tamanho do tipo geralmente reservado para os fins de guerras e assassinatos de governantes. Mas, dessa vez, um naufrágio o merecera:

PRINCIPESSA MAFALDA **AFUNDA!**

Rosa abraçou Giovanni, os três olhando para a manchete do jornal sobre a mesa. Nenhum deu uma palavra por um bom tempo. Por fim, Rosa reconheceu:

— É um milagre.

Giovanni olhou para o filho e concordou:

— Mamma tem razão.

Os Bergoglio levaram mais dois anos até terem condições de emigrar para a Argentina. Chegaram a Buenos Aires, a capital, em fevereiro de 1929. Rosa Bergoglio, que, apesar do calor, vestia um elegante casaco com gola de pele, foi a primeira da família a descer do navio, o Giulio Cesare. *Depois dela veio o marido, Giovanni, e o filho do casal, Mario. Um dos carregadores ficou com pena de Rosa e se aproximou para ajudá-la com as malas. "Gostaria que eu também levasse seu casaco?", perguntou, fazendo menção de pegá-lo. Ela se afastou: "Não, senhor, obrigada. Estou bem assim", respondeu em espanhol perfeito. O carregador deu de ombros, pegou as malas e seguiu andando com os colegas. Os Bergoglio os acompanharam até um carro que aguardava para levá-los a sua nova residência.*

Ficaram assombrados com o prédio de quatro andares que se erguia no meio de uma rua movimentada. Por insistência do filho, Rosa entrou na cabine do elevador, hesitante, mas, uma vez lá dentro, não soube o que fazer. Nunca vira um elevador antes, muito menos andara em um. Até agora.

— Ufa! — exclamou ao sair no quarto andar. Na mesma hora tirou o pesado casaco e fez algo estranho. Em vez de pendurá-lo, espalhou-o sobre a mesa da cozinha. Mario, Giovanni e seus irmãos trouxeram a bagagem e a empilharam na sala, sem lhe prestar atenção.

Rosa tirou um facão do suporte de facas que havia na bancada e, sem hesitar, abriu a costura do forro de seda do casaco. Em seguida, levantou-o da mesa e sacudiu-o. Como que num passe de mágica, milhares de notas de lira se derramaram sobre a mesa da cozinha. Quando ela terminou de sacudir o casaco, jogou-o num canto sem cerimônias.

— Pensei que ia morrer quando desci daquele navio — disse, rindo. — Estava um calorão!

Giovanni, seus três irmãos e Mario caíram na gargalhada.

★ ★ ★ ★ ★

O cardeal recordou o som das risadas em família quando ainda era um menino crescendo em Buenos Aires. Soava como música para seus ouvidos. Agora, estava de volta ao Velho Continente. Roma. Roma ficava no Velho Mundo, e Buenos Aires no Novo Mundo. E ele se sentia em casa nos dois.

Capítulo 3

Camisa Número 4

Quando Dom Bergoglio saiu do terminal do aeroporto, carregando a valise em uma das mãos e puxando a mala de rodinhas com a outra, fazia mais frio do que esperara. Ele fechou o último botão do sobretudo preto e levantou a lapela para se manter aquecido. Ao ver outro cardeal, acenou, e o colega acenou de volta, pouco antes de entrar no banco traseiro do sedã preto e se afastar. Havia paparazzi por toda parte, à espera dos cardeais que viriam do mundo inteiro, mas Dom Bergoglio, em sua batina preta clerical, não chamava atenção. Estavam interessados em cardeais, não em padres.

O cardeal esperou pacientemente no ponto de ônibus e, quando finalmente chegou um, ele subiu. Seu meio de transporte favorito não era uma limusine com chofer, nem um vistoso sedã particular, mas um ônibus ou o metrô. Em um ônibus, ele podia se sentar entre as pessoas e conversar com elas, participar de sua vida, ouvi-las, confortá-las e, quem sabe, até ajudá-las.

O cardeal escolheu um banco no meio do ônibus. Era um percurso de quarenta e cinco minutos até a Cidade do Vaticano, a menor cidade-Estado independente do mundo e a única a existir dentro de outra cidade. A Cidade do Vaticano foi fundada em 1929, o mesmo ano em que a família Bergoglio emigrou para a Argentina.

O cardeal tinha um apelido para a Cidade do Vaticano. Ele a chamava de "o trabalho". E ele sabia mesmo tudo sobre trabalhar. Quando concluiu o curso primário, aos treze anos, e estava pronto para ingressar no ginásio, seu pai lhe informou que iria arranjar um emprego para ele durante as férias de verão. Cumprindo sua palavra, Mario Bergoglio empregou o filho na empresa ferroviária onde trabalhava como contador. O cardeal começou varrendo o chão, mas, por volta do quarto ano, ele já desempenhava tarefas administrativas. Do pai, recebera um presente que duraria a vida inteira: a ética profissional.

O rádio do ônibus anunciou a iminente eleição de um novo papa, e em seguida tocou uma ária cantada por uma de suas estrelas da ópera favoritas. O cardeal amava a ópera mais do que qualquer outro gênero musical e agora estava na Itália, o país que é o berço dessa grande arte. Fechou os olhos e voltou a Buenos Aires.

★ ★ ★ ★ ★

Mario e Regina Bergoglio olhavam perplexos para seu bebê, Jorge. O rádio tocava baixinho uma ópera, o som abafado pelo choro do pequeno. Mario e Regina se conheceram durante uma missa dominical e, depois de um período regulamentar de noivado, se casaram. Eles se mudaram para uma casa na rua Membrillar, no coração do bairro de Flores.

Mario olhou para o filho que chorava, dando de ombros.

— Acho que ele tem potencial. Como tenor.

— Tenor? — Regina riu. — Você acha que isso é melódico?

— Não, eu diria que é... ensurdecedor! — respondeu Mario, e Regina riu. Ela meneou a cabeça em direção ao rádio do outro lado da sala. — Nossa favorita vai começar, Mario, por favor, aumente o volume.

Mario atravessou a sala e girou o botão do volume, deixando que a melodia de **Madame Butterfly** *enchesse o aposento. A Rádio Estatal transmitia uma apresentação especial da ópera de Puccini, e, assim como Mario jamais perdia uma partida do San Lorenzo aos domingos, ele e a esposa também não perdiam uma ópera nas noites de sábado. O cardeal sempre achou que o pai fazia a vontade da mãe nas noites de sábado para poder assistir à partida de futebol nas manhãs de domingo. Depois da missa, é claro.*

No rádio, o grande soprano Mirella Freni deu início a sua magnífica ária.

26

E Jorge, na mesma hora, parou de chorar.

Mario e Regina se entreolharam e começaram a rir.

Eles sempre riam ao contar essa história para o cardeal, e não deixaram de contá-la muitas vezes ao longo dos anos.

★ ★ ★ ★ ★

A cidade de Roma se descortinava diante de seus olhos. O cardeal sempre se sentia rejuvenescido em Roma.

O ônibus fez uma curva fechada.

Um grupo de meninos usando as mais variadas camisas de times de futebol disputava uma pelada no amplo gramado de um parque, cercados pelo trânsito em alta velocidade.

A camisa de um dos meninos exibia, às costas, o número 4. Esse era o número do cardeal quando jogava com os amigos na pracinha de seu bairro em Buenos Aires. O nome oficial era Praça Herminia Brumana, a poucos metros de sua casa na rua Membrillar. Mas para Jorge e os amigos, aquele era o campinho de futebol.

★ ★ ★ ★ ★

O sinal soou, estridente, na Escola Municipal No. 8, situada na rua Varelo. As portas se abriram, os estudantes irrompendo em peso da sala e correndo pela escada. Jorge tirou a camisa do uniforme enquanto descia, revelando a camisa do seu time por baixo. Seus amigos, Ernesto Llach e Nestor Carbajo, já esperavam por ele, também vestindo as camisas do time. Quando Jorge se encontrou com eles, o trio disparou pelo pátio da escola até o portão, dirigindo-se à praça em seguida.

— Jorgito! — gritava Nestor minutos depois, agitando os braços feito um louco. — Aqui!

Jorge passou a bola do pé esquerdo para o direito e arriscou um lançamento pelo campo improvisado para o melhor amigo, Nestor. Ernesto correu e Nestor fingiu que ia passar a bola para ele, mas decidiu continuar tocando, driblou dois zagueiros e enfiou a bola no gol, que era apenas um banco do parque fazendo as vezes de baliza.

Era como se fazia naqueles tempos: nada de luxos. Nem linhas de marcação, nem balizas. Tudo era improvisado. O belo esporte não era belo apenas por ser divertido de se jogar, mas por ser para todos;

não exigia equipamentos ou espaços caros. Apenas um pedaço de terra, uma bola e alguns meninos apaixonados por uma boa pelada.

Havia um grafite em um dos muros que dizia Los Cuervos de Boedo. Boedo era o nome do bairro vizinho a Flores, onde Jorge morava. Eles tinham sido apelidados de "os corvos" porque o time de futebol San Lorenzo de Almagro fora criado no pátio da igreja por um grupo de meninos incentivados por um padre chamado Lorenzo Massa. Como os padres sempre se vestem de preto, foram chamados de corvos. Oficialmente, o nome era Os Santos ou Os Ciclones, mas para os entendidos, os torcedores doentes, os fãs de carteirinha (como a família Bergoglio inteira), eles eram Los Cuervos.

Todo menino em Flores e em Boedo acreditava de coração que o melhor time de futebol da Argentina era o Club Atlético San Lorenzo de Almagro.

Nestor e Jorge herdaram o amor pelos Corvos de seus respectivos pais. Havia outros times em Buenos Aires, como o Boca Juniors, o River Plate e o Independiente, mas, em Flores, havia um único time: o orgulho de Boedo, os Corvos de San Lorenzo de Almagro — Los Cuervos de Boedo.

GOOOOOOOL!!!

Nestor marcou mais um. Jorge levantou os braços, correu pelo campo e o abraçou, vitorioso.

— Estilo Pontoni, não foi? — gritou Nestor.

Estavam falando de René Pontoni, o maior artilheiro de todos os tempos, na opinião de Jorgito e Nestor. E 1946 foi o melhor ano para Pontoni e seu time. Para os dois amigos, Pontoni era uma lenda viva.

Os irmãos Jorge e Oscar.

Capítulo 4

O Ano Mais Incrível de Todos

René Alejandro Pontoni nasceu em Santa Fé, Argentina, em 1920. Estreou pela seleção nacional em 1942, como artilheiro, e liderou o time na conquista do tricampeonato sul-americano em 1945/46/47, marcando dezenove gols em dezenove jogos. Em 1946, o Barcelona lhe ofereceu um contrato, mas, ao contrário de Maradona e Lionel Messi, dois argentinos que entrariam para o clube décadas depois, Pontoni recusou.

★ ★ ★ ★ ★

O importante para Jorge, Nestor e Ernesto foi o que Pontoni fez em 1944: decidiu jogar pelo San Lorenzo. Pontoni era o herói argentino arquetípico em um país com uma rica tradição futebolística.

A família Bergoglio cumpria sua rotina religiosamente nos fins de semana: todo sábado iam para a casa da Mamma Rosa ouvir ópera, e todo domingo iam a uma partida de futebol.

Mario olhou para o gramado do estádio conhecido como Gasómetro, e observou os times fazendo aquecimento. Segurou a mão da esposa Regina e a levou ao seu assento, e então sentou-se ao seu lado. As crianças se acomodaram nos assentos ao redor. Jorge sentou-se ao lado do pai. Como tinham chegado cedo, conseguiram assentos privilegiados na linha de frente, apenas algumas fileiras atrás do gol. Era uma partida importante: seus amados Corvos de San Lorenzo estavam prestes a enfrentar o formidável Racing de Avellaneda. O Racing era um time de garra, e a essa altura do campeonato, cada jogo era uma final. Os Corvos vinham fazendo uma grande campanha e esperavam vencer o campeonato. Mas, primeiro, teriam que passar pelo Racing.

Era 20 de outubro de 1946, o dia em que todos os espectadores nas arquibancadas do Gasómetro fizeram um silêncio sepulcral. Os Corvos davam uma surra no adversário. O placar já estava em 4 a 0, e as arquibancadas totalmente eletrizadas. Então, Francisco de la Mata saiu driblando, à procura do Maestro René Pontoni, até que finalmente o localizou com o canto dos olhos.

Pontoni estava de costas para o gol.

Jorge se levantou devagar, prendendo a respiração.

Yerba e Palma marcavam Pontoni.

A multidão estava de pé.

De la Mata fez o cruzamento, Pontoni matou no peito e levou a bola para o pé direito, onde a manteve pelo que pareceu uma eternidade, fazendo embaixadas, sem deixar que tocasse no gramado. Em seguida, sem se virar, fingiu dar um pique para a direita e girou o corpo bruscamente para a esquerda, chegando antes dos zagueiros e desferindo um chutaço. Ricardo, o goleiro do Racing, voou para a bola.

O estádio ficou em total silêncio.

Nenhum dos trinta e quatro mil espectadores disse uma palavra.

Três segundos de absoluto silêncio no Gasómetro.

Então, a multidão irrompeu numa gritaria ensurdecedora pela jogada que culminara com o gol de placa de Pontoni!

Naquela época, não havia telões no estádio para mostrar o replay, nem televisão para se assistir a um videoteipe do jogo. A mágica do momento simplesmente ficou gravada para sempre no coração de Jorge, então um menino de dez anos, e ele reviu o lance na memória muitas vezes ao longo dos anos.

Depois do jogo, quando reviviam os grandes momentos, o pai de Jorge lhe disse que fora "um gol digno de um prêmio Nobel".

De volta à praça, os meninos continuaram a jogar a pelada diária, imaginando-se como os heróis daquele jogo.

— Se você é Pontoni, então devia ganhar um Nobel por aquele gol! — disse Jorge, e começou a correr pela rua, tocando a bola. Nestor teve que se apressar para alcançá-lo. Jorge olhou para ele. O amigo estava com a expressão de quem tem algo a dizer. Jorge era sempre bom observador e bom ouvinte. Era o que os meninos costumavam comentar.

— Você fez o dever de casa, Jorgito? — perguntou Nestor Carbajo.

— Claro — respondeu Jorge, com um sorriso, dominando a bola e cruzando-a para ele. — E você?

Nestor riu.

— O que é que você acha?

Jorge sorriu.

— Trouxe seus livros?

— Trouxe — respondeu Nestor.

— Tudo bem. Vamos dar uma olhada. — Dirigiu-se novamente para a praça, e Nestor o seguiu.

— Obrigado, Jorgito — agradeceu Nestor, apontando para si mesmo com uma piscadela.
— Pontoni nunca vai se esquecer de você.

Os amigos riram e, quando chegaram à praça, sentaram-se no meio-fio, onde Jorge ajudou o amigo a fazer o dever de casa. Os outros meninos se espalharam, indo para suas residências. Jorge continuou sentado no meio-fio com Nestor até a hora do jantar, e então eles correram de volta para casa, batendo bola por todo o caminho.

Capítulo 5

O Torcedor

Dom Bergoglio entrou em seu quarto na Casa Internacional Paulo VI [Domus Internationalis Paulus VI], de propriedade do Vaticano, situada na Via della Scrofa. Construída a partir de um *palazzo* de pedra do século XVII que no passado abrigou um colégio jesuíta, a casa é agora um hotel com preços acessíveis para membros do clero.

Apesar do frio, ele abriu a janela para arejar um pouco o ambiente. Colocou a mala na cama e olhou em volta: uma cama de solteiro e uma mesa de cabeceira. Um abajur. Um rádio. Uma pequena cômoda encostada à parede. Um pequeno armário. Uma porta dando para um modesto banheiro.

Bateram à porta.

Ele caminhou até ela e a abriu. Era o concièrge.

— Vossa Eminência, a que horas gostaria que nosso carro viesse buscá-lo pela manhã?

Jorge riu.

— Obrigado, mas não preciso de carro. Vou a pé para o trabalho — respondeu.

O cardeal fechou a porta, e então foi até a mesa de cabeceira e ligou o rádio, sintonizou algumas estações e parou ao ouvir uma ária.

O som da ópera encheu o quarto.

Ele pegou um jornal que tinham posto na escrivaninha e procurou a seção de esportes. Esquadrinhou a página por um bom tempo, e então tornou a fechar o jornal, frustrado. Caminhou depressa até sua valise, retirou o celular e digitou uma mensagem de texto:

Cheguei bem a Roma. Pode me dizer qual foi o placar do San Lorenzo hoje?

Procurou entre os contatos o número do Padre Alejandro Russo, reitor da Catedral Metropolitana de Buenos Aires e um de seus auxiliares, e então lhe enviou o torpedo. Só demorou alguns segundos para receber a resposta:

Derrotou o River Plate
por 2 a 0!

Ele sorriu e respondeu:

Que bom! Obrigado!

Ao enviar a mensagem, recordou-se daquela outra partida do San Lorenzo, tanto tempo atrás.

★ ★ ★ ★ ★

O pai de Jorge estava com a família no ponto de ônibus naquela manhã de domingo, 8 de dezembro de 1946.

— Muito bem, um de cada vez — disse, orientando a família que subia a escada do ônibus em fila.

— Aqui, mãe — chamou Jorge, oferecendo-lhe a mão. Ela carregava a irmãzinha dele, Marta Regina, com a outra.

— Obrigada, filho. Você é um cavalheiro — respondeu, subindo no ônibus e lançando um olhar orgulhoso para o marido.

Alberto e Oscar, os irmãos mais novos de Jorge, foram os próximos a subir. Jorge olhou para o pai, que fez um sinal de aprovação com a cabeça, e então subiu, sendo seguido por Mario. Quando todos já tinham entrado, o ônibus arrancou.

A família estava a caminho de um jogo em outro bairro. Não há nada mais empolgante do que um clássico regional: a rivalidade entre dois times vizinhos faz do confronto uma ocasião especial. Mas hoje a excitação beirava a loucura. O jogo de hoje poderia dar à família Bergoglio o privilégio de ver, pela primeira vez, o time ser campeão!

Caballito era um bairro próximo a Flores. Situado no coração da cidade de Buenos Aires, era o lar do Club Ferro Carril Oeste, mais conhecido como "Ferro".

O ônibus passou em alta velocidade por uma pulpería — um bar frequentado por gaúchos — e Mario jurou ver o cavalinho de um cata-vento girando, tão rápido ia o ônibus. O nome Caballito originou-se de um cata-vento com um cavalinho galopante pendurado na porta de uma pulpería do bairro, que se tornaria conhecida como "La Pulpería del Caballito". "Você sabe que está em Caballito quando vê aquele cata-vento", disse Jorge uma vez.

O estádio El Templo de Madera, que abrigava o Ferro, estava em festa. O local rugia com os pés de milhares de torcedores correndo para seus assentos, vestindo camisas do time, agitando bandeiras e tocando cornetas. Famílias inteiras vinham ao jogo para esquecer os dramas da vida cotidiana. O estádio de futebol era o lugar onde todos participavam de uma comunidade maior.

O povo vinha na esperança de assistir a uma grande partida, de vencer e de fazer parte de um grupo de pessoas unidas por suas esperanças e sonhos. O estádio era o lugar onde se podia chorar de alegria ou de desespero; onde se podia rezar, vibrar e cantar até perder a voz. Não importava se a pessoa era homem, mulher ou criança, jovem ou idosa.

Enquanto Jorge e sua família entravam em El Templo de Madera e ocupavam uma fileira de assentos reservados ao time visitante, o San Lorenzo, os tambores repercutiam a um ritmo constante e as cornetas soavam. As torcidas do San Lorenzo e do Ferro, sentadas em lados opostos do estádio, faziam uma barulheira que cobria o campo como uma nuvem de ansiedade, cheias de paixão febril por seus times.

A família Bergoglio sentou-se do lado do San Lorenzo porque não teria sido sensato se sentar em nenhuma outra parte.

Os dois times entraram em campo para o aquecimento. O time da casa foi saudado por uma gritaria ensurdecedora. A torcida do San Lorenzo vaiou, seus gritos logo abafados pelo vozerio tonitruante da torcida do Ferro.

Em seguida, entrou o melhor time da liga.

Todos no estádio sabiam o que estava em jogo. Se o San Lorenzo vencesse, levaria para casa o troféu do campeonato. Mas o Ferro estava na penúltima posição e faria de tudo para não perder. Ninguém, nem mesmo o melhor time da liga, podia jogar no campo do Ferro, lhe dar uma surra e carregar o troféu. Se o San Lorenzo queria vencer, que fosse no seu próprio estádio. Não ali. Não naquele dia.

Jorge e a torcida do San Lorenzo gritaram ao ver seus heróis se aprontando para a partida. Seus olhos estavam colados no "El Trio de Oro": três atacantes rápidos e destemidos, fortes e cheios de *garra. Eram eles o legendário Pontoni; Armando Farro, um jogador conhecido por sua combinação letal de poder ofensivo, criação de jogadas e técnica; e o craque Rinaldo Martino. Os torcedores do San Lorenzo foram ao delírio. Estavam eufóricos com a ideia de ver seu time levar o caneco. A última vez que o San Lorenzo vencera um campeonato fora em 1933, três anos antes de Jorge nascer. Ele sentia estar testemunhando um momento histórico.*

Nas arquibancadas, dois cronistas esportivos do Clarín, *Vicente Villanueva e Hector Villita, esperavam que o jogo começasse.*

Villanueva olhou para a torcida do San Lorenzo e escreveu no seu bloco: "O San Lorenzo está no coração da torcida. Para esses torcedores fanáticos, é quase uma obrigação comparecer a cada partida para ver seu time jogar. Eles sabem que têm um time invencível, e sua satisfação é garantida."

Seu colega, Hector Villita, sentia a eletricidade no ar. Sabia que o San Lorenzo era o favorito.

Villanueva adorava o estilo de jogo do time. Disse a Hector:

— Eles sabem combinar os dribles e passes da velha escola, usando o campo inteiro, com essa nova escola

de atletismo e velocidade. Os gigantes como o River e o Boca deviam prestar atenção.

— E eles têm o melhor trio de atacantes da liga — acrescentou Villita.

Os dois não discutiram: isso era ponto pacífico.

O árbitro apitou e o San Lorenzo partiu imediatamente para o ataque, liderado por René Pontoni. Foi como se a arquibancada inteira do time do Ferro soltasse uma exclamação.

A defesa do Ferro conseguiu recuperar a posse de bola, mas segundos depois Pontoni estava no ataque novamente, e cruzou para Martino. Quando se aproximavam da grande área, Martino chutou a gol. Mas a bola foi forte demais e passou por cima do travessão. A torcida do San Lorenzo estava uma pilha. Todos gritaram. Passara tão perto que Jorge mal pôde respirar.

Os quinze minutos seguintes voaram, com o San Lorenzo atacando com toda a sua potência e o Ferro defendendo e bloqueando os ataques fulminantes.

Finalmente, aos vinte minutos do primeiro tempo, Armando Farro ajeitou a bola e... meteu um balaço!

O goleiro do Ferro chegou a tocar na bola, mas ela acabou no fundo da rede.

O San Lorenzo marcara o primeiro gol! E então, quando faltavam segundos para o fim do primeiro tempo, Pontoni pediu a bola, driblou dois zagueiros e cruzou para Farro, que chutou para o gol. O som da bola batendo na trave e o grito de euforia da torcida do San Lorenzo logo deram lugar a um gigantesco gemido de decepção, seguido por um suspiro de alívio dos torcedores do time da casa.

O árbitro apitou, encerrando o primeiro tempo.

Jorge, vestindo sua camisa número 4, estava de pé. O pai lhe dissera que um jogo de futebol é decidido apenas quando o árbitro apita o final. Ele estava feliz. O jogo ia às mil maravilhas e seu time vencia por 1 a 0. Mas sabia que não era o bastante. Ainda faltavam quarenta e cinco minutos, e tudo podia acontecer.

No camarote da imprensa, Hector escreveu no seu bloco que "os jogadores do San Lorenzo estavam tão à vontade que não pareciam nem se importar se faziam gols ou não. Estavam passeando em campo!".

★ ★ ★ ★ ★

O cardeal trabalhava no seu discurso. A Congregação Geral dos Cardeais continuaria reunida por uma semana, e em algum momento ele teria que lê-lo. Adorava ouvir ópera e música clássica enquanto escrevia. Amava Beethoven, e uma de suas peças favoritas era a *Abertura Leonora No. 3*, da ópera *Fidélio*.

O despertador tocou exatamente às quatro e meia. Começava uma nova manhã em Roma. Dentro de algumas horas, os cento e quinze cardeais oriundos de todas as partes do mundo iriam se encontrar na Nova Sala do Sínodo do Vaticano para discutir os planos da eleição do novo papa. A Praça de São Pedro já começava a se encher de jornalistas e fiéis. O mundo estava atento.

Capítulo 6

Duas Cidades

Há sempre um grande sigilo quando o Colégio de Cardeais se reúne. Poucas pessoas sabiam que, desde que o Papa Bento XVI abdicara, em 28 de fevereiro, os cardeais estavam à frente da Igreja.

O cardeal gostava de descer a escada de dois em dois degraus até a cafeteria do térreo. Recordou essa maneira de descer quando ainda estava na escola: fora assim que memorizara a tabuada, o que fazia sua professora rir. Ele agora só precisava garantir que seu sistema respiratório estivesse bem. Quando jovem, ele tivera a maior parte de seu pulmão direito removida em virtude de uma pneumonia; por isso, sempre que tinha uma oportunidade, fazia coisas assim para exercitar o pulmão saudável.

O cardeal planejava caminhar até a Cidade do Vaticano, como sempre. Usava uma batina preta clerical. Enquanto esperava na fila da cafeteria junto com os padres que residiam na Casa Paulo VI, aproveitou para admirar as grandiosas pinturas de cenas bíblicas que ornavam as paredes do saguão. Depois de um café da manhã frugal, preparou-se para sua caminhada. Colocou a cruz peitoral de ferro e vestiu o sobretudo preto, guardando o barrete púrpura no bolso. No casaco, levava a carteira, onde guardava a carteirinha do San Lorenzo de Almagro com seu retrato. Presente que os dirigentes lhe ofereceram em 2008, após uma missa que ele celebrou para o clube num domingo. O Cardeal Bergoglio é literalmente um fã de carteirinha: seu número de inscrição no Club Atlético San Lorenzo de Almagro é 88235.

A carteirinha... de um fã de carteirinha.

Quando chegou à rua, apertou mais o sobretudo, pois um vento cortante soprava pelos caminhos de paralelepípedos. Perto do hotel, havia uma *piazza* encantadora. Embora ainda fosse muito cedo, as ruas já estavam lotadas. Havia turistas, famílias, jovens estudantes, garis, camelôs, padres e artistas de rua. Nenhum outro cardeal se hospedara tão longe do Vaticano; todos haviam escolhido hotéis mais próximos.

Ele parou para observar um malabarista e duas filas de alunos caminhando, meninos de um lado, meninas do outro, todos carregando livros e vestindo o mesmo uniforme: calça ou saia escura e camisa branca. Eram seguidos atentamente por uma freira em seu hábito preto e branco, que manobrava o grupo pela rua repleta de gente, a fila dupla de crianças serpenteando como uma cobra amestrada.

— Bom dia, padre — cumprimentou a freira ao passar pelo cardeal, com um largo sorriso.

Ele sorriu para ela. A freira o lembrou de sua primeira professora, a Irmã Rosa, que gostava de apontá-lo para os outros sempre que ele sonhava acordado.

★ ★ ★ ★ ★

— *Bom dia, Jorge, que bom ver você entre nós novamente* — *saudou a Irmã Rosa em alto e bom tom, na frente da sala de aula.*

Jorge percebeu que andara sonhando acordado. Os outros alunos riram. Jorge deu uma olhada rápida no amigo Ernesto, que revirou os olhos em censura: não por ele ter sonhado acordado, mas por permitir que a irmã o pegasse em flagrante.

— *Gostaria de nos contar o seu devaneio?* — *desafiou a religiosa.*

— Desculpe, Irmã Rosa. — Jorge brindou a professora favorita com um largo sorriso e deu de ombros. — Eu estava só pensando... em jogar bola — confessou.

A Irmã Rosa arqueou uma sobrancelha.

— Por que não estou surpresa? — Virou-se e fixou os olhos em Ernesto, e então em Nestor Carbajo, e perguntou: — Mais alguém sonhando com uma pelada depois da aula?

Ninguém disse uma palavra. Ela foi até a carteira de Jorge e parou.

— Trate de prestar atenção, senhor. Ou vai ter que ficar depois da aula.

Era uma ameaça, e Jorge, Ernesto e Nestor sabiam que ela falava sério. Já fizera isso antes. E, toda vez que fazia, lá se ia a pelada deles por água abaixo. Ernesto e Nestor se entreolharam. Precisavam continuar a pelada interrompida na véspera. E precisavam de Jorge. Ele tinha as qualidades de um técnico: organizava as partidas, escolhia as posições dos jogadores e tinha uma excelente visão de como deviam se comportar em campo. Não era um grande jogador, mas conhecia o jogo nos seus mínimos detalhes. Gostava de jogar na defesa, onde o jogo bruto e a disputa pela posse de bola ficavam para os meninos que não eram estrelas, os que não tinham talento natural para driblar, lançar e marcar gols.

Depois da aula, Jorge ficou no pátio da escola, tocando a bola de um lado para o outro. Um menino se aproximou e roubou-lhe a bola com habilidade. Em vez de se zangar com o menino, que era vários anos mais novo, Jorge sorriu e disse:

— Boa jogada, Oscar!

Oscar Bergoglio, irmão de Jorge, foi tocando a bola pelo pátio, olhando para trás e gritando:

— Eu jogo melhor do que você, Jorgito!

Jorge abriu um sorriso e correu atrás dele, gostando do desafio.

A Irmã Rosa saiu da sala e ficou vendo Jorge e o irmão menor correrem pelo pátio. Sabia que iam para a praça, a fim de jogar a sua pelada. Jorge era muito inteligente e tinha um grande potencial. Mas, no momento, só conseguia pensar em jogar bola com os melhores amigos.

★ ★ ★ ★ ★

A temperatura tinha caído um pouco quando o cardeal se dirigiu para o Rio Tibre. Atravessaria a Ponte Sant'Angelo, perto da basílica famosa por sua estátua do Arcanjo Miguel, e então percorreria a principal via até seu destino final na Cidade do Vaticano.

O clima gelado de Roma era o oposto do de sua amada Buenos Aires, que, quando saíra na véspera, estava quente e úmida.

★ ★ ★ ★ ★

Era um dia quente de verão do ano de 1946 quando Jorge se dirigiu à casa da avó Rosa.

Ela morava a apenas dois quarteirões da rua Membrillar. Jorge vinha caminhando pelo bulevar principal, onde podia passar por várias lojas e apreciar as vitrines. Ele caminhou mais devagar ao passar pelo Mercado Argentino, com seu cheiro de churrasco se desprendendo do interior.

— Buenos días, Jorgito! — saudou-o o dono da loja quando passou.

Jorge continuou caminhando e observou a vitrine da confeitaria judaica, com suas babkas e seus briskets fresquinhos sob as lâmpadas acesas.

A padaria italiana e o mercado cheiravam a orégano, tomates, frutos do mar e espaguete cozinhando em grandes panelas. Ele passou pelo consultório do dentista, o Dr. Delaport, cujo filho, Osvaldo, jogava futebol com ele. Prendeu a respiração: não podia deixar que o cheiro asséptico de um consultório dentário estragasse suas impressões olfativas pelo resto do percurso. Finalmente soltou o ar quando já tinha passado e respirou fundo ao chegar ao restaurante armênio, onde foi envolvido pelos aromas exóticos da berinjela, do iogurte, da carne e do dzhash de vagem com folhas de menta.

Enquanto Jorge caminhava, os aromas de pratos de tantos povos do mundo inteiro o engolfaram; povos que haviam vindo à Argentina para construir uma nova vida e um novo lar para suas famílias. Em um curto quarteirão de Flores, Jorge podia se demorar em cada porta que se abria para um mundo e uma cultura exótica e excitante. Aqui, o povo falava a mesma língua, mas todos tinham uma segunda, que era a de seus ancestrais.

Todos eram únicos, e ainda assim iguais. Sua avó Rosa era um exemplo perfeito disso: italiana e argentina, para ela era natural que duas culturas *se misturassem na mesma pessoa. Seu pai, por outro lado, preferia não falar italiano com ele: queria que os filhos fossem cem por cento argentinos. Mas Jorge era um menino curioso e queria entender o que a avó e o avô conversavam. Amava a sonoridade da língua italiana tanto quanto a culinária daquele país.*

Jorge sempre ia à casa da avó Rosa, a alguns quarteirões da sua, depois da aula ou da pelada, até seu pai voltar da ferrovia, onde era contador, e ir buscá-lo. Sua mãe estava ocupada demais com seus irmãos, por isso Mamma Rosa sempre o chamava para ir a sua casa. Queria ficar de olho nele. Queria observá-lo e lhe dar o tipo de educação que, acreditava, ele não receberia numa escola pública.

Jorge sentou-se diante da avó à mesa da sala de jantar. Ela colocou um copo na frente do neto e o encheu de leite. Tinha um livro aberto a sua frente.

— O que foi que eu lhe dei? — perguntou a ele em espanhol.

— Leite — respondeu ele na mesma língua.

— Errado! — repreendeu-o Rosa. — Dimmi in italiano — ordenou. — Me diga em italiano.

— *Mi scusi, Nonna* — pediu desculpas, constrangido. Pegou o copo de leite, bebeu-o todo e então o estendeu para ela: — *Più latte, per favore* — pediu. — Mais leite, por favor.

A avó Rosa abriu um sorriso. Pegou a jarra de leite e serviu outro copo.

— *Eccellente!* — disse, segurando o rosto do neto entre as mãos e beijando a sua testa.

— Como era a vida na Itália, *Nonna?* — perguntou Jorge.

Ela suspirou.

— A vida sob o jugo do ditador Mussolini era difícil. Os negócios iam bem até aquele fascista subir ao poder. A Itália é um dos países mais bonitos do mundo. Eu amo o meu país. Mas eram tempos de crise. As pessoas perderam a liberdade e tivemos muita dificuldade para nos sustentar — contou. — Seu pai queria mais da vida e não via qualquer futuro na Itália. Na época, muitos jovens buscavam uma vida melhor nos Estados Unidos: novas oportunidades, o sonho de ganhar mais e viver com mais tranquilidade.

— Quero praticar meu italiano com papai, mas ele só fala espanhol comigo — contou Jorge, bebendo um pouco mais de leite. — Por quê?

— *Porque ele é teimoso — respondeu a avó Rosa. — Quer esquecer o passado. Quer apagá-lo da memória. Mas isso é impossível — prosseguiu. — Se ele não quer relembrá-lo, então vai depender só de você.*

— Ele se preocupa demais com a gente — observou Jorge.

— Seu pai é um bom homem. Cuida bem de vocês. Trabalha duro.

— E me leva a todas as partidas de futebol.

A avó sorriu para ele, carinhosa.

— Ele ama aquele jogo tanto quanto você — disse, logo acrescentando: — É uma coisa que aprendeu na Itália.

— Eu jogo todos os dias, sabia? Na praça. A gente se encontra lá, todos os meninos do bairro e meus amigos da escola — contou Jorge.

— Vocês jogam bem?

— Às vezes nós vencemos. Oscar e Alberto estão no meu time, e Ernesto e Nestor também — contou ele. — Além de Nathan e Osvaldo, o filho do dentista. Nós formamos um bom time. Você jogava futebol também, Nonna?

Ela riu.

— Não. Mas escreva o que estou lhe dizendo: um dia as mulheres vão jogar esse jogo, assim como os homens.

— Posso te contar um segredo, Nonna?

— Minha boca é um túmulo — respondeu a avó, passando o dedo pelos lábios.

— Às vezes eu rezo para a gente ganhar.

— E dá certo? — perguntou ela.

— Nem sempre — respondeu Jorge.

A avó Rosa abriu um sorriso.

Capítulo 7

Aulas de Culinária

Não muito longe da Ponte Sant' Angelo, que se estende sobre o Rio Tibre e conduz ao Vaticano, o cardeal viu o Tempio Maggiore di Roma, a grande sinagoga que se localiza no Lungotevere de' Cenci. O prédio possui arquitetura clássica, com colunas romanas e portas de mogno de três metros de altura. O cardeal havia formado um estreito relacionamento com seu querido amigo, o Rabino Abraham Skorka, em Buenos Aires, e os dois até mesmo escreveram um livro juntos e participaram de uma série de programas de tevê. Em 2007, durante o Rosh Hashanah, o cardeal visitou a sinagoga Benei Tikva Slijot para falar à comunidade judaica sobre a honestidade. Ele fora lá para se encontrar com eles como irmãos, porque era fiel ao próprio coração, e a verdade é sempre o melhor caminho.

★ ★ ★ ★ ★

— *Jorgito! Lança!* — *gritou Osvaldo, agitando os braços.*

Jorge o viu, driblou um jogador, e então chutou a bola com toda a força e a viu passar por cima da cabeça de Osvaldo e estilhaçar a vidraça da janela de uma casa atrás dele. Os jogadores dos dois times ficaram paralisados de pavor ao verem a explosão de cacos de vidro. Em um instante, todos os meninos corriam em direções diferentes.

Todos, menos Jorge.

O dono saiu afobado de casa, segurando a bola, coberto de vidro, e olhou para os dois lados da rua. Então olhou para a frente, onde Jorge ainda estava parado.

— *Desculpe, senhor* — *pediu ele.* — *Fui eu.*

O dono olhou para a vidraça quebrada, e de novo para Jorge.

— Foi você quem fez isso?

— Fui sim, senhor — respondeu Jorge.

O dono ficou surpreso com a resposta.

— E por que não fugiu feito um coelho assustado, como os outros meninos?

— Se eu fugisse, o senhor nunca saberia quem foi. — Deu de ombros. — Mas eu saberia. E eu já me confessei esta semana.

O homem começou a rir.

— Um rapaz com consciência! Vamos esquecer o que aconteceu — disse, devolvendo-lhe a bola.

★ ★ ★ ★ ★

Quando o cardeal chegou ao Lungotevere Tor di Nona, o bulevar que se estende ao longo do Tibre, olhou para o rio, que serpenteava pelas Sete Colinas de Roma. Enquanto caminhava, ouvia as pessoas ao seu redor e compreendia o que diziam, graças à avó Rosa, que lhe ensinara o idioma de seus ancestrais.

A Ponte Sant'Angelo, construída no ano 136 e adornada por dez estátuas de anjos, conduz ao Castel Sant'Angelo, o mausoléu do Imperador Adriano, do outro lado do Tibre. Conta a lenda que, no ano 590, uma aparição do Arcanjo Miguel no alto do mausoléu anunciou o fim iminente de uma epidemia de peste bubônica. Devido à lenda, a ponte recebeu o nome de "Ponte do Santo Anjo", em homenagem a Miguel.

As águas do Tibre fluíam, límpidas e cristalinas. Ele seguiu caminho pela ponte, passando pelas dez estátuas que representam a Paixão de Cristo. Estava quase na Cidade do Vaticano.

A essa hora da manhã, as ruas de Roma, com suas cafeterias repletas de deliciosos *panini* [sanduíches] e o cheiro aromático do café de alta qualidade, já se enchiam rapidamente de turistas. O prato favorito do cardeal era a *cotoletta alla milanese* de sua avó, bife de vitela à milanesa, que ele gostava de comer com batatas. O *caffè ristretto* era o único vício de sua mãe: um *espresso* curto, forte. Ela não sabia muito sobre política ou sobre a guerra mundial que havia acabado quando Jorge tinha apenas dez anos, mas conhecia um bom *espresso*. E era uma cozinheira de mão cheia. Todos na família

Bergoglio amavam sua comida. Quando Maria Elena, a irmã mais nova de Jorge, nasceu, em 1949, o cardeal se viu às voltas com um desafio inesperado.

★ ★ ★ ★ ★

Encharcado de suor, o pai de Jorge, Mario, abriu a porta do quarto e Jorge viu de relance a parteira e duas de suas tias. A mãe, Regina, estava na cama, gritando, prestes a dar à luz seu quinto filho. Jorge, com apenas treze anos, continuou imóvel, segurando uma panela de água fervente. Seu pai sorriu para ele, pegou a panela e lhe entregou outra vazia.

— Ferve mais um pouco de água, Jorgito — pediu, voltando a entrar no quarto e batendo a porta. Jorge esperou por um momento, deu meia-volta e percorreu o corredor com a panela vazia até onde seus irmãos mais novos, Alberto, Oscar e Marta Regina, esperavam, encolhidos contra a parede.

Poucas horas depois, o choro de um recém-nascido ecoava pelo lar dos Bergoglio na rua Membrillar. Marta Regina correu para a porta da rua, abriu-a e franziu a testa. Estava esperando encontrar um pão.

Afinal, seu pai sempre dizia que "Deus traz um pão para cada bebê".

Jorge, Alberto, Oscar e Marta Regina estavam sentados ao redor da mesa da cozinha quando Mario entrou e puxou uma cadeira.

— Vocês ganharam uma irmãzinha — contou-lhes, com naturalidade. — Maria Elena. — Então, em vez de dizer qualquer outra coisa, serviu-se de um copo d'água de uma jarra e bebeu-o em largos goles. Jorge jamais vira o pai com um ar tão exausto.

— O que foi, papai? Mamãe está bem? — perguntou Jorge. Podia ver pela expressão do pai que algo estava errado.

Mario olhou para o filho mais velho e conseguiu esboçar um sorriso.

— Minha expressão está tão óbvia assim, Jorgito? — perguntou.

— Você sempre diz que os olhos são a janela para o coração de uma pessoa — relembrou Jorge. — Seus olhos parecem assustados.

Mario estudou o filho mais velho, e então fez um sinal para que ele o seguisse:

— Precisamos conversar.

Afastou-se e, após um momento, Jorge se levantou e seguiu o pai pelo longo corredor até a sala, perto da porta da rua. Podia ouvir o trânsito por trás da grande porta de madeira.

— Sua mãe e sua irmã estão bem e descansando — sussurrou Mario. — Mas o parto causou alguns problemas nas pernas de sua mãe.

— Problemas?

— Ambas ficaram paralisadas — explicou o pai, e, quando o filho soltou uma exclamação, chocado, ele se apressou a acrescentar: — Mas o médico disse que não é permanente. Ela vai se recuperar com o tempo. Só que, por ora, não pode caminhar.

Jorge suspirou de alívio.

— Desse jeito, vai ficar difícil para ela cozinhar. Por isso, quem vai cozinhar sou eu — anunciou, corajoso.

Mario sorriu para o filho.

— Você é mesmo uma bênção de Deus, Jorgito — disse. — Está certo. Você cozinha.

Orgulhoso da própria oferta, Jorge estufou o peito.

— Que pratos você sabe fazer? — perguntou o pai, com um brilho maroto nos olhos.

Os de Jorge se arregalaram.

— Eu n-não sei fazer nada! — confessou.

Mario riu, abraçando o filho mais velho.

— A gente pensa em alguma coisa.

No dia seguinte, Mario carregou a esposa, Regina, para a cozinha, colocou-a na sua cadeira favorita e a ajeitou até ficar confortável. Ela acabara de amamentar a pequena Maria Elena, que dormia o sono dos anjos no quarto do casal.

— Obrigada, Mario — agradeceu Regina. — Agora, me traga umas batatas, uma faca e uma tigela.

Quando a aula terminou, Jorge saiu correndo da sala onde Ernesto e Nestor esperavam por ele.

— Tenho que ir direto para casa — avisou. — Preciso cozinhar. — Explicou aos amigos a razão, e eles olharam para ele, perplexos.

— Mas você sabe cozinhar? — perguntou Nestor.

— É claro — respondeu Jorge. — Já sei ferver água.

Os amigos caíram na gargalhada.

Ficaram vendo Jorge ir saltando os degraus da escada e seguir na direção oposta, indo para casa sem dar mais uma palavra.

Ao chegar, viu que Regina Bergoglio estava sentada em sua cadeira favorita na cozinha, descascando batatas e colocando-as numa grande tigela.

— Não tem jogo hoje? — perguntou ao filho.

Jorge fez que não, colocou os livros na mesa e puxou outra cadeira.

— O que nós estamos preparando?

Regina estendeu a mão frágil e fez um carinho no rosto do filho.

— Cotoletta alla milanese, Jorgito — respondeu com doçura.

— Nunca vou aprender a fazer esse bife como você — disse Jorge.

— Não seja bobo. Eu te ensino. Está bem?

— E se ninguém gostar do que eu fizer? — perguntou ele.

— Contanto que ninguém morra, não tem problema — respondeu ela, sorrindo.

Jorge assentiu, e a mãe disse:

— Muito bem. Pode ferver a água.

— Até que enfim alguma coisa que eu sei fazer... — brincou ele, indo atender ao pedido.

Capítulo 8

Coisas da Idade

No fim da Via della Conciliazione erguiam-se os portões da Praça de São Pedro. Embora ainda fosse muito cedo, a praça já estava bem cheia. Pareceu ao cardeal que o mundo inteiro tinha corrido para lá. Gente de todos os países, usando trajes típicos e carregando bandeiras, reunia-se na praça. Todos os idiomas do mundo se entrecruzavam, criando uma cacofonia de vozes, palavras e ideias. E ninguém prestava atenção ao cardeal vestido de padre que caminhava entre o povo.

Muitos anos antes, quando tinha doze anos, ele era muito parecido com as crianças que lotavam a Praça de São Pedro aquele dia.

★ ★ ★ ★ ★

Jorge sentava-se à pequena mesa perto da janela que dava para a rua Membrillar, escrevendo uma carta. Nela, desenhou uma casinha branca com telhado vermelho. Quando terminou, colocou a carta num envelope e o selou, comeu uma última garfada de ovos mexidos do café da manhã e esperou. Segundos depois, Amalia Damonte, uma menina da sua idade que morava quatro prédios adiante, passou em companhia de duas amigas, braços carregados de livros. Jorge respirou fundo, e então pegou a carta, seus livros e correu para a porta. Deu um beijo na mãe e partiu.

Avançou apressado pela rua até alcançar as meninas quando já chegavam à esquina. Enfiou-se entre Amalia e uma de suas amigas.

— Olá — cumprimentou.

Amalia deu uma risadinha e as amigas se entreolharam e cochicharam, deixando Jorge de fora da conversa, e então riram mais um pouco. Amalia parou de caminhar e Jorge também, e as amigas seguiram caminho. Quando as duas já estavam alguns metros à frente, Amalia voltou a caminhar, e Jorge acompanhou seus passos.

— Eu te vi da janela — contou, ficando vermelho.

Amalia sorriu.

— Eu sei. Eu te vejo todas as manhãs, Jorgito.

— É mesmo? Bem, eu não te vi no jogo ontem. Quer dizer, na praça.

Ela apenas deu de ombros.

— Eu tinha deveres de casa para fazer.

Jorge tentou encontrar o momento certo para entregar a carta e, quando pararam na esquina seguinte, a um quarteirão da escola, viu Ernesto e Heitor acenando para ele do outro lado da rua. Desesperado, puxou a carta do bolso de trás da calça e a estendeu para ela.

— Isto é para você — disse, e então atravessou a rua, correndo ao encontro dos amigos.

As amigas de Amalia estavam alguns metros à frente na mesma esquina, tentando chamar sua atenção.

Ela estava no seu próprio mundo, parada, lendo a carta, olhando para a casinha branca de telhado vermelho que ele havia desenhado.

As palavras diziam:

É aqui que vamos morar
quando nos casarmos.

*Amalia soltou uma exclamação ao ler o resto
da carta:*

Se você não se casar comigo,
vou me tornar padre.
Com amor, *Jorge*

As amigas a cercaram.

*Jorge, Ernesto e Nestor continuaram a seguir
pela rua em direção à escola. Jorge tentou olhar
para trás e ver a reação de Amalia à carta,
mas Nestor virou a cabeça do amigo e lhe deu um
chute no traseiro.*

*— Agora você vai ter que se confessar — disse,
e todos riram.*

*No dia seguinte, Amalia não passou pela rua.
Nem no outro.*

*Dois dias depois, Jorge a esperava, não atrás
da janela, mas em plena calçada. Só as amigas dela
passaram, cumprimentando-o sem qualquer
explicação. Ele ficou confuso, precisava descobrir o
que acontecera, por isso fez com que parassem.*

— *Cadê a Amalia?*

— *Estamos indo nos encontrar com ela no fim da rua* — *respondeu uma das amigas, rindo.*

— *Ela não tem mais permissão para ver você* — *explicou a outra.*

— *Mas por quê?* — *perguntou Jorge, chocado.*

— *O pai dela descobriu a carta* — *contou a primeira, e as duas riram e continuaram andando.*

Jorge estacou bruscamente e ficou vendo as duas se afastarem.

Jamais voltou a falar com Amalia.

Mas foi à capela no dia seguinte. E se confessou. Na confissão, descobriu um tipo diferente de amor.

O padre lhe disse para conversar sobre o assunto com o pai, e Jorge fez isso. Seu pai, Mario, disse que era porque ele estava crescendo e, se tinha idade bastante para pensar em meninas, então também já tinha idade bastante para arranjar um emprego. Disse que o trabalho o ajudaria a compreender o mundo, e também seu coração.

★ ★ ★ ★ ★

Seu pai estava certo em relação ao trabalho. Deu perspectiva ao cardeal. Perguntaram-lhe muitas vezes como ele decidira se tornar padre. Enquanto crescia, a última coisa em que pensava era se tornar padre. Se alguém tivesse lhe dito na época que viria a ser um cardeal e o arcebispo de Buenos Aires, ele teria achado loucura. Alguns acreditaram que ele se tornou padre porque tinha que cumprir a promessa feita à jovem Amalia, tantos anos antes, naquela carta. Mas não foi por causa de Amalia. Aquela foi apenas uma promessa infantil, e ele não sabia o que fazia. Tornou-se padre por uma razão muito diferente.

Quando o cardeal chegou à Piazza del Santo Uffizio, tirou o barrete cardinalício do bolso do sobretudo preto e o colocou. Em seguida, despiu o sobretudo. Por baixo usava a batina preta e púrpura de cardeal. Dobrou o sobretudo e, carregando-o junto com a valise preta, atravessou a praça em direção à Sala do Sínodo, anexa à Sala de Audiências Pontifícias Paulo VI. Trata-se de um amplo auditório, onde o Colégio de Cardeais iria dar início à congregação geral e discutir os detalhes de como o conclave seria conduzido. Assim que a congregação geral estivesse de acordo sobre as regras e todos tivessem tido uma chance de falar sobre a direção da Igreja, poderiam formar o conclave e dar início à eleição de um novo papa.

O Cardeal Angelo Sodano estava à frente, discorrendo sobre segurança, quando Dom Bergoglio entrou no auditório. Sodano era deão do Colégio de Cardeais e um bom amigo. Um mar de preto e púrpura coloria o amplo salão. Dom Sodano informou aos cardeais que deveriam fazer um voto de sigilo, válido para a eleição inteira, a fim de que a mídia não tomasse conhecimento de seus trabalhos até terem escolhido o papa. Bloqueadores de celulares haviam sido instalados na Capela Sistina, onde as votações seriam feitas, e todos os aparelhos foram confiscados.

Os cento e quinze cardeais já haviam se acomodado, então a congregação deu início à longa e laboriosa administração do voto de sigilo. Demorou o dia inteiro, Dom Sodano chamando cada cardeal pelo nome e administrando o voto individualmente. Ao fim, Dom Bergoglio voltou a pé para a Casa Paulo VI, não tendo feito mais nesse primeiro dia do que prometer guardar segredo.

Nesse ritmo era provável que a congregação geral não fosse encerrar a primeira parte e formar um conclave efetivo em menos de uma semana.

E foi exatamente o que aconteceu.

Capítulo 9

Somos Todos Iguais

Era uma quinta-feira. Cinco congregações gerais já haviam sido realizadas, e Dom Bergoglio ainda não fora chamado para fazer o seu discurso. Então, ele finalmente ouviu Dom Sodano chamar seu nome. Deu uma rápida olhada em suas anotações. Ele as escrevera em espanhol. Caminhou calmamente até a frente e se postou atrás do púlpito. Embora não se considerasse candidato à dignidade de papa, sua intuição não fora afiada apenas nas ruas de Buenos Aires, mas também no campinho de futebol.

★ ★ ★ ★ ★

De volta a 1946, os torcedores que vibravam pelo San Lorenzo ficaram de pé quando começou o segundo tempo da partida que poderia decidir o campeonato. O estádio El Templo de Madera estava lotado, e ninguém arredava pé, todos ansiosos para assistir ao que poderia vir a ser um final de temporada glorioso — ou uma amarga decepção para o melhor clube da liga.

Marta Regina dormia profundamente nos braços da mãe, mas seu sossego não durou muito. Aos onze minutos do segundo tempo, foi despertada quando Ángel Zubieta cruzou a bola para a grande área e Pontoni a cabeceou num ângulo que deixou o goleiro a ver navios.

O Ferro não perdeu tempo, e partiu para o ataque. Aos trinta e três minutos, Piovano lançou a bola para a grande área. Cachiero, do Ferro, se antecipou e, num chute rápido, carimbou a rede.

San Lorenzo 2 X 1 Ferro.

A torcida do Ferro foi à loucura.

Por que tinha que ser assim. O time superior ataca, domina, chuta... e erra. E o outro time só precisa de um único ataque para marcar.

80

Todos no estádio sabiam que ainda tinha muito jogo pela frente. O último gol dera uma injeção de adrenalina nos jogadores do Ferro. A torcida entoava seus hinos e gritava. Os tambores batiam mais forte, as cornetas tocavam sem parar.

— Faz mais um pra gente. Faz mais dois! — cantava a torcida do Ferro.

A torcida do San Lorenzo logo superou seu momento de confusão. Era o melhor time da liga. Seus jogadores podiam chegar lá. A doze minutos do apito final, e talvez mais dois de acréscimo, um placar de 2 a 1 parecia estar de bom tamanho. Mas os jogadores do San Lorenzo não pensaram em segurar o resultado. Nem por um momento. Era um time ofensivo e não estava ali para amarrar o jogo até o fim, valorizando a posse de bola. Era arriscado, mas era o que fazia deles um grande time.

Jorge olhou para o pai. Estava tão tenso que chegava a ouvir o coração batendo. O pai o tranquilizou com um sorriso que dizia: "Podemos chegar lá. E vamos." Mas Jorge sabia que, no fundo, Mario estava se roendo por dentro.

Os ponteiros iam girando, os segundos passando em câmera lenta. Na marca dos quarenta minutos, os torcedores do San Lorenzo já não aguentavam mais.

Um grande grupo abandonou as fileiras da frente e invadiu o gramado, agitando bandeiras, tornando-se parte do jogo, unindo-se aos seus amados jogadores.

O árbitro interrompeu a partida por alguns minutos, até os torcedores voltarem para as arquibancadas. Mas, logo que o jogo recomeçou, eles tornaram a invadir o campo. Os jogadores do San Lorenzo sorriam, aproveitando a oportunidade para beber água. O quadragésimo quinto minuto passou. Mas o jogo ainda não acabara. Os torcedores voltaram a sair do gramado.

O árbitro avisou que daria cinco minutos de acréscimo.

Aos quarenta e oito, faltando apenas dois, Jorge gritou algo para os jogadores do Ferro perto dele no campo que levou a mãe a tapar sua boca. Ela balançou a cabeça e ele abaixou os olhos, envergonhado.

Um sentimento de vitória começava a tomar conta da torcida: o San Lorenzo venceria por 2 a 1 e levaria o caneco para casa.

Mas, tão rápido quanto aquele estado de espírito que dominara a torcida do San Lorenzo, outro ataque teve início, e Jorge, mais uma vez, se levantou.

Para surpresa de todos, Silva entrou na grande área e estufou a rede!

GOOOOL!!!

San Lorenzo 3 a 1, faltando menos de dois minutos para o encerramento!

As arquibancadas foram ao delírio, euforia infinita.

Os torcedores do San Lorenzo não esperaram pelo apito final e voltaram a invadir o gramado. Dessa vez, o árbitro desistiu e apitou, encerrando a partida.

Milhares de chapéus e cachecóis foram atirados para o alto.

Hector Villita, o jornalista, escrevia freneticamente: "Foi como se as mãos dos campeões acendessem os corações dos torcedores e eles fossem brasas subindo para o céu", escreveu.

Um mar de torcedores saiu em peso do lado do San Lorenzo e invadiu o campo, incluindo Jorge, seus irmãos e seu pai. A mãe continuou sentada com a filha. Todos se abraçavam, dando pulos de alegria.

Hector Villita escreveu: "Vejo os jogadores exaustos e chorando. Os torcedores são como um mar de gente inundando o campo. Estão comemorando de um modo que eletriza e comove a todos, inclusive aos torcedores do Ferro e a nós, os frios e cínicos cronistas esportivos, que já vimos de tudo."

Os torcedores levantaram os jogadores em triunfo. Ninguém podia escapar da explosão de alegria.

Jorge testemunhou um momento que ficaria para sempre gravado no seu coração. Era um dia verdadeiramente glorioso.

A manchete do Clarín *na segunda-feira, 21 de outubro de 1946, disse tudo:*

SAN LORENZO MARCA UMA NOVA EVOLUÇÃO NO FUTEBOL ARGENTINO

Depois de conquistar o título, o San Lorenzo fez uma turnê pela Espanha e Portugal, um dos pontos altos da história do clube. Após perder para o Real Madrid, derrotou o Barcelona e as seleções de Espanha e Portugal. A imprensa espanhola declarou o San Lorenzo "o melhor time do mundo".
Era o melhor ano da vida de Jorge, e o melhor para o San Lorenzo.

★ ★ ★ ★ ★

Dom Bergoglio sorriu consigo mesmo por trás do púlpito antes de ler seu discurso para o Colégio de Cardeais. Pensava em Pontoni, o grande artilheiro do seu amado *Cuervos*; em seu pai recusando-se a falar italiano com ele por causa do desprezo por Mussolini; em sua avó Rosa ensinando-lhe o idioma durante tantos anos, por amar sua herança cultural. Pensava em suas raízes italianas. Em seu amor por Roma, pela Itália, pela beleza do idioma. E isso o fez mudar de ideia.

Em vez de fazer o discurso em espanhol, ele o fez em italiano.

O discurso de Dom Bergoglio foi simples e direto, e comoveu todos os presentes. Ele disse aos outros cardeais que a Igreja devia abrir suas portas e ir ao encontro do mundo. Era exatamente o que o Colégio de Cardeais queria ouvir.

Quando o cardeal chegou a Roma, estava convencido de que não havia a menor chance de ser eleito papa. Mas seu discurso mudou o curso da História. Mais uma vez, ele recordou as palavras de seu pai: *Quer ver Deus rindo? Faça planos.*

As chuvas se abateram sobre Roma, como costuma acontecer em março, e Dom Bergoglio não conseguiu dormir. Em vez de voltar para a Casa Paulo VI, no centro da cidade, pernoitou na Casa de Santa Marta [Domus Sanctae Marthae], que se situa próximo à Basílica de São Pedro, no Vaticano. Ele teria preferido seu quarto simples na Paulo VI, mas não podia recusar a hospedagem na Santa Marta. Todos os cardeais deveriam permanecer em um único lugar durante o conclave. No passado, quando um papa não era eleito e as votações continuavam, o Colégio de Cardeais ficava trancafiado como prisioneiro na Capela Sistina, até chegar a uma decisão. Hoje, o processo é mais civilizado: os cardeais se hospedam voluntariamente na Santa Marta, como homens livres.

A chuva fustigava o telhado, e Dom Bergoglio ficou olhando para o teto, relembrando a temporada chuvosa de 1998, quando esteve na favela Villa 21-24 em Buenos Aires, para acompanhar os resultados de seu trabalho por lá.

★ ★ ★ ★ ★

O Arcebispo Jorge Bergoglio sentava-se em um banco no meio de um ônibus em Buenos Aires, usando uma simples batina preta. Mesmo na época, não queria chamar atenção para sua pessoa. Se todos ao

seu redor soubessem que era arcebispo, seria assediado.
E ele estava numa missão. Observou as paradas com
atenção e, quando viu que a próxima era a Villa 21-24,
puxou o cordão, avisando ao motorista que queria
descer. Levantou-se, foi até a porta da frente e olhou
para a favela.

Lá fora se encontravam as ruas de um dos bairros
mais perigosos de Buenos Aires. Localizado na periferia
da cidade, é para lá que vão os imigrantes pobres e
famintos recém-chegados à cidade grande em busca
de trabalho e moradia. Pouquíssimos padres se
apresentam como voluntários para trabalhar na região.
Os moradores os chamam de curas villeros, "padres de
favela". Jorge é um deles. Villa 21-24. Oculta dos
olhos e da alma dos portenhos, mas não do coração e
da alma de Jorge. Favelas desse tipo existem em muitas
cidades e estão cheias de vítimas do descaso e da
negligência.

Mas era impossível para Jorge esquecer os
pobres. Era um jesuíta, um discípulo de São
Francisco de Assis. Não podia olhar nos olhos
daquela gente sem ver suas almas. Exatamente
como São Francisco, filho de um rico mercador que
viveu entre os pobres, Jorge tinha que estar entre
eles se quisesse servir a Deus.

A porta do ônibus se abriu.

Quando lhe perguntaram como tinha coragem de ir à zona mais perigosa de Buenos Aires, ele respondeu:

— Eu preciso ir. Somos todos iguais aos olhos do Senhor. Vou ficar bem. Obrigado por sua preocupação.

Ele caminhava pelo lamaçal na avenida Zavaleta. Já sabia que o chão estaria enlameado por causa das chuvas da noite anterior.

Quando passou pela Paróquia Nossa Senhora de Caacupé, algumas crianças saíram para saudá-lo, e ele retirou dos bolsos vários sanduíches embrulhados que preparara para elas na noite anterior. Havia o bastante para todas. Sabia que sempre havia crianças famintas na paróquia, e elas sempre reconheciam o seu Padre Bergoglio, que teria algo para comerem. O Padre Pepe di Paola apareceu atrás delas, com um largo sorriso.

— Jorgito! — cumprimentou, abraçando o amigo. — Fico tão feliz por vê-lo aqui.

— Olá, Padre Pepe. Quais são as notícias do campo de futebol?

— Veja com seus próprios olhos! — respondeu o outro, com uma piscadela.

O cardeal e o Padre Pepe foram caminhando lado a lado e, quando chegaram ao campo de futebol, no fim da rua, o rosto do cardeal se iluminou. Uma pelada estava a todo vapor.

O cardeal reconheceu a maioria dos jogadores como sendo ex-toxicômanos com quem trabalhara. Virando-se para Pepe, disse:

— Nunca se sabe quem pode ser o próximo Pontoni, quando se tem uma oportunidade.

Ele e o Padre Pepe voltaram para a paróquia. Ao chegarem, Jorge raspou a lama dos sapatos e entrou. Uma aula de marcenaria com rapazes de vinte e poucos anos acontecia em uma das salas da escola dominical. Ele olhou pela porta por um momento. Outro padre estava na frente, demonstrando como fazer uma meia esquadria numa tábua de madeira. O padre acenou para ele, feliz por vê-lo.

— Não teríamos essas aulas sem o senhor. Obrigado por angariar fundos para alimentar as pessoas e começar o curso de marcenaria, padre — agradeceu o Padre Pepe.

— Esses homens foram alijados da sociedade em função de seus vícios. Se eles têm idade bastante para usar drogas, também têm idade bastante para aprender um ofício — retrucou o cardeal.

A clínica médica ficava ao lado, e os leitos estavam todos ocupados.

— *Padre, é tão bom ver o senhor. Fico tão feliz por ter vindo* — saudou-o a freira.

— *Obrigado por me convidar, irmã* — agradeceu o cardeal, sendo conduzido até o aposento sem janelas, lotado de leitos ocupados por doentes. Ele se aproximou do primeiro leito e segurou a mão do homem, deitado com a boca aberta, a barba por fazer.

— *O Senhor esteja com você, meu filho* — sussurrou Jorge, e os olhos do homem se encheram de lágrimas. — *Posso lavar seus pés?*

O homem piscou, uma lágrima escorrendo por seu rosto, e assentiu.

Capítulo 10

Duas Confissões

A Praça de São Pedro ainda estava molhada das fortes chuvas da noite anterior. Mais de duzentas mil pessoas do mundo inteiro acampavam na praça e seus arredores. Vista de cima, era um mar de guarda-chuvas coloridos estendendo-se como um arco-íris desde o Vaticano até o Coliseu. Plataformas de emissoras de tevê encontravam-se em toda parte, e telões gigantescos estampavam a paisagem como outdoors, prontos para exibir a cerimônia para o mundo. Ninguém nas ruas de Roma que estivesse por perto iria se afastar um milímetro até que a Igreja anunciasse um novo pontífice. Elas haviam ido para lá a fim de ser testemunhas da História. Queriam ver a fumaça branca.

Os passos ecoaram pelo chão da Capela Sistina quando os cardeais começaram a entrar para dar início ao conclave.

O cardeal atravessou a capela ao lado de seu amigo, o brasileiro Dom Cláudio Hummes, em uma procissão de duas filas. Todos os cardeais entoavam orações enquanto caminhavam. Dois dias antes, haviam sido instalados dois fornos onde as cédulas de cada votação seriam queimadas. Usados pela primeira vez em 1939, os fornos de ferro fundido são interligados por um tubo de cobre que, sustentado por andaimes de aço, atravessa o teto e desemboca na chaminé instalada no telhado. Um dos fornos serve para queimar as cédulas, enquanto o outro, um forno auxiliar de fumigação, é destinado a produzir fumaça branca ou preta, conforme os produtos químicos empregados.

Quando sai fumaça preta da chaminé da Capela Sistina, todos já sabem que nenhum papa foi eleito; quando a fumaça é branca, há um novo papa.

Enquanto os cardeais avançavam, as obras de Botticelli, Rosselli e Signorelli os observavam de todos os lados. O teto da Capela Sistina é decorado pelos afrescos deslumbrantes do magnífico Michelangelo Buonarroti.

Na praça, não havia fronteiras, limites ou portas fechadas. Todos os olhos estavam fixos na chaminé que se projetava do teto da sala em que o conclave se formara na Capela Sistina.

Dom Bergoglio sentou-se ao lado de Dom Hummes. Os cardeais sentavam-se metade de cada lado, de frente uns para os outros. Reinava um silêncio sepulcral enquanto preenchiam suas cédulas de votação. Quando terminaram, dobraram-nas e as depositaram na urna posta sobre o altar. Na parede acima da urna, Jesus Cristo olhava para eles do afresco de Michelangelo *O Juízo Final*.

Quando todos os votos já haviam sido depositados, o cardeal mais antigo do colégio, Dom Giovanni Battista Re, e dois outros, procederam à contagem, Battista lendo os nomes em voz alta. Um candidato precisa obter dois terços mais um voto, perfazendo um total de setenta e sete votos, para que a fumaça branca saia da chaminé da Capela Sistina.

Ao fim, ninguém recebeu votos suficientes. Os escrutinadores consignaram as cédulas ao primeiro forno para serem queimadas e puseram produtos químicos no auxiliar para criar fumaça preta. O cardeal percorreu a passagem de volta à Casa de Santa Marta, e ocupou a cadeira do confessionário reservado exclusivamente para cardeais. Um padre já se encontrava lá a sua espera.

— Perdoe-me, padre, porque eu pequei — disse em voz baixa, e então continuou.

O cardeal tinha mais uma confissão a fazer, a respeito de um momento que mudara sua vida quando tinha dezessete anos.

★ ★ ★ ★ ★

— *Anda logo, Jorgito! — gritou Ernesto. Estava esperando na calçada da rua Membrillar, diante do prédio de Jorge, em companhia de Nestor e duas meninas. Os amigos carregavam cestas de piquenique abarrotadas. Era o dia 21 de setembro de 1953, o primeiro da primavera. Quando Jorge, então um rapaz de dezessete anos, saiu à rua, a menina de longos cabelos escuros se animou ao vê-lo. Gostara dele. Jorge olhou para ela e corou um pouco. Ela estendeu a mão, ele a segurou, e o grupo foi seguindo a passos lépidos pela rua afora, a caminho do salão que ficava alguns quarteirões adiante, aonde iriam dançar.*

Quando passaram por um restaurante, Jorge notou um homem de aparência abastada, vestindo um terno caro, sentado a uma mesa externa, comendo, enquanto um grupo de crianças com roupas sujas o observava com olhos tristes e famintos. Jorge olhou para os amigos, horrorizado, mas não deu uma palavra. Demorou-se por um momento, mas não conseguia decidir que atitude tomar em relação à cena que presenciava. Sentiu-se muito mal por aquelas crianças. Ele jamais conhecera a fome, mas podia vê-la nos olhos delas. Passaram pela capela na esquina seguinte.

O salão de dança ficava a apenas alguns quarteirões, e logo todos estariam dançando o tango ao som dos últimos sucessos argentinos. Mas, quando finalmente chegaram, Jorge hesitou.

— Vamos, Jorgito! — chamou a menina. — Vamos dançar! — Ela riu e foi logo entrando no salão.

Jorge deu uma olhada no interior do local.

A menina fez um gesto para que ele a acompanhasse.

Em vez disso, ele recuou um passo.

— Já volto! — gritou para que ela o ouvisse apesar da música alta. Então, virou-se e se afastou.

— Jorgito! — chamou Nestor às suas costas. — Aonde você vai?

— Não sei — respondeu Jorge, e continuou caminhando de volta para a capela. Era onde ele e sua família costumavam assistir à missa todos os domingos, e Jorge conhecia o caminho de trás para frente.

Um padre se ajoelhava de costas para ele quando entrou.

— Padre? — chamou.

O sacerdote se virou, mas Jorge não o reconheceu.

— Ah, desculpe, p-pensei que fosse outra pessoa.

O padre sorriu.

— Sou novo aqui — esclareceu. — Posso ajudá-lo?

Jorge se remexeu, desconfortável. Por fim, disse:

— Não sei bem, padre. Posso fazer uma confissão? — perguntou.

O padre sorriu.

— É claro, meu filho.

Jorge entrou no confessionário e sentou-se.

— Acho que eu vim procurar por Deus, padre — disse.

— Bem, Ele foi mais rápido do que você, e já estava a sua espera — respondeu o padre, com um risinho.

Quando Jorge saiu do confessionário em Flores, não voltou para o centro comunitário, nem jamais tornou a ver aquela menina.

À noite, a mãe de Jorge estava sentada em sua cadeira e o pai de pé atrás dela, enquanto Jorge contava a eles o que lhe acontecera.

— Enfim, eu me dei conta de que Ele estava esperando por mim. Eu estava procurando por Ele, mas Ele me encontrou primeiro — explicou.

— Eu nunca disse isso antes, mas acho que quero entregar minha vida a Deus. Quero ser padre.

Seu pai, Mario, era todo sorrisos.

— É uma notícia maravilhosa, Jorge! — exclamou.

Regina rompeu em lágrimas.

— Por que está chorando, mamãe? — perguntou Jorge, segurando sua mão. — Não está feliz por mim?

— Não! — respondeu ela, os olhos úmidos. — Estava esperando que você se tornasse médico!

Capítulo 11

Aceito

Quando um conclave não elege um papa na primeira votação, em cada dia subsequente são realizadas mais quatro votações — duas pela manhã e duas à tarde —, até um ser escolhido. Dom Giovanni Battista Re leu o nome de Dom Bergoglio setenta vezes. O cardeal se remexeu, desconfortável, dando-se conta de que havia uma nítida possibilidade de não voltar a sua amada Buenos Aires tão cedo. Já sabia há muito tempo que jamais se tornaria um jogador de futebol ou um médico. Mas, quanto a ser papa... isso não era algo que ele pudesse decidir. Seu chamado, que começara quase cinquenta anos antes em um confessionário, levara-o à dignidade de cardeal. Agora, em questão de minutos, poderia fazer dele o líder máximo da Igreja Católica.

— Não se esqueça dos pobres — sussurrou Dom Cláudio Hummes para ele, abraçando-o.

— Não vou me esquecer, meu caro Cláudio — tranquilizou-o Jorge. Olhou para sua mão. Estava trêmula. Quando levantou o rosto, seus olhos encontraram os de Cláudio. — Mas foram apenas setenta votos. — Sorriu para o amigo. — Ainda estou livre.

— Mas não por muito tempo — disse Dom Cláudio.

Na história do conclave, que teve início no ano de 1276, o Colégio de Cardeais jamais elegeu um papa que não fosse europeu, tampouco um jesuíta. O fato foi relembrado pelo Cardeal Bergoglio, ao ouvir Dom Giovanni Battista Re ler seu nome pela septuagésima sétima vez. A Capela Sistina irrompeu em aplausos e, antes que o cardeal pudesse sequer pensar, já estava de pé, ouvindo as palavras saírem de sua boca em bom italiano:

– Sou um grande pecador. Confiando na misericórdia e na paciência de Deus, embora sofrendo, aceito.

"Escolho o nome Francisco em honra de São Francisco de Assis", declarou, e mais uma vez a Capela Sistina irrompeu em aplausos. São Francisco de Assis não apenas foi filho de um rico mercador que dedicou a vida aos pobres, como também é o santo padroeiro da Itália. E Francisco também era o nome do bisavô paterno de Dom Bergoglio.

E assim, no fim da tarde de 13 de março de 2013, na quinta votação, Dom Jorge Mario Bergoglio foi eleito papa.

As cédulas arderam no forno da Capela Sistina, e uma nuvem de fumaça branca se evolou da chaminé para o mundo inteiro ver. As centenas de milhares de fiéis que haviam passado dias acampados em volta da Cidade do Vaticano irromperam em vivas e aplausos.

Quando os auxiliares papais acompanharam o papa recém-eleito para a prova dos paramentos pontifícios, Dom Cláudio Hummes seguiu com o amigo.

— Que Deus o perdoe pelo que você fez — sussurrou Jorge para ele, enquanto se dirigiam ao vestiário.

Minutos depois, o alfaiate papal trouxe uma batina branca suntuosa, ornada de arminho e incrustada de pedras preciosas, outrora envergada por Bento XVI, além de uma rebuscada cruz peitoral em ouro e luxuosos sapatos vermelhos, confeccionados pela grife italiana Prada.

— Temos três tamanhos de batinas, Vossa Santidade: pequena, média e grande — informou o primeiro alfaiate.

— Não vou precisar delas — respondeu Jorge. — Vou usar a batina branca simples, e essa cruz aqui — disse, retirando a cruz peitoral de ferro da valise. — E, é claro, meus velhos amigos — acrescentou, apontando para os pés e mostrando ao alfaiate seus sapatos pretos de amarrar favoritos.

Vinte minutos depois, o alfaiate voltava com a austera batina branca, ajustada para caber no novo papa. Jorge retirou as vestes cardinalícias pretas e púrpura, e o alfaiate imediatamente viu a longa cicatriz que ia desde seu peito até o meio das costas.

Jorge vestiu a batina branca e pôs a cruz peitoral de ferro.

— Quando eu tinha vinte e um anos, tive uma pneumonia grave — explicou. — Foi em 1957, e eu ainda não tinha ido para o seminário.

★ ★ ★ ★ ★

Os lençóis da cama de Jorge estavam ensopados de suor quando seu pai entrou às pressas no quarto. Tirou o termômetro da boca do filho de vinte e um anos, olhou para ele e ficou preocupado. Jorge delirava, e provavelmente nem mesmo sabia onde se encontrava. Regina entrou no quarto, aos prantos, apertando um pano de prato nas mãos.

— O médico está aqui, Mario — anunciou, entre soluços.

O médico passou por Regina, educado, deu uma olhada em Jorge, e então se virou para Mario e disse:

— Não posso ajudá-lo aqui. Precisamos levá-lo para o hospital.

Quando Jorge acordou, estava em um leito de hospital, sem fazer ideia de como fora parar lá. Tinha tubos saindo do braço e do nariz e, quando olhou para baixo, viu o peito enrolado em gaze e esparadrapo. Sentia muita dor. A última coisa de que se lembrou foi dos sonhos da febre, e de que agora não se sentia mais doente, apenas dolorido.

Alguém segurava sua mão. A mãe.

Seu pai falava em voz baixa com um homem de jaleco branco e sua avó Rosa apareceu ao lado da mãe. Ele não podia falar por causa do tubo na garganta. Sentia dor e, quando o médico se aproximou e girou a válvula do soro, ele adormeceu.

★ ★ ★ ★ ★

O cardeal deu um tapinha na cicatriz sob a batina.

— Na época, não havia antibióticos. Pelo menos não na Argentina. Por isso, para salvar minha vida, os médicos removeram quase todo o meu pulmão direito.

O alfaiate assentiu.

— Ficamos felizes por terem feito isso, Vossa Santidade — disse, e saiu.

Cinquenta e cinco anos haviam se passado desde a cirurgia, e agora, aos setenta e seis anos de idade, o cardeal estava em excelente forma física. Ao se preparar para saudar sua nova congregação mundial, foi até a valise, retirou um envelope amarelado dentre as folhas do breviário e o guardou na batina. O envelope continha palavras de sabedoria que ele precisaria reler muito em breve.

Capítulo 12

Um Papa

O Papa Francisco atravessou a Sala Régia em direção à Capela Paulina e pediu para ficar sozinho por alguns minutos. Do lado oposto da capela situava-se outro aposento e, além deste, o famoso balcão de onde ele seria apresentado ao mundo dentro de apenas alguns minutos. Podia ouvir os sons de milhares de pessoas que esperavam lá fora, entusiasmadas. Sentiu uma grande ansiedade. Para se acalmar, fechou os olhos e tentou relaxar, fazendo cada pensamento desaparecer, até mesmo o de recusar a dignidade de papa. A certa altura, sentiu-se inundar por uma grande luz. Durou um breve momento, mas para ele pareceu uma eternidade. Em seguida, a luz se evanesceu. Ele se levantou depressa e entrou no aposento onde os cardeais o aguardavam.

Na batina levava o breviário, e dentro dele o envelope amarelado com a carta da avó Rosa, escrita por ocasião de sua ida para o seminário, em 1958. Fora a última coisa que ela lhe escrevera, e ele a guardara durante todos esses anos dentro do livro de orações. Era uma carta simples, destinada aos netos, que dizia:

Que meus netos, a quem dei o melhor de meu coração, tenham uma vida longa e feliz. Mas se vierem dias de dor ou doença, ou se a perda de um ente amado os encher de desespero, que se recordem de que o sussurro de uma oração e um olhar para Maria ao pé da cruz podem ser como uma gota de bálsamo mesmo nas mais fundas e dolorosas feridas.

O cardeal camerlengo, presidente da Câmara Apostólica, o conselho financeiro do papa, esperava por ele ao lado de uma mesa. Sobre esta, um grande pergaminho que todos os papas eleitos devem assinar ao aceitar o cargo.

O Papa Francisco caminhou em silêncio até o pergaminho e o assinou. Quando terminou, entregou a caneta ao cardeal camerlengo, que o endossou.

Estavam na Sala das Lágrimas, um aposento que leva ao balcão central, de onde o papa saúda o mundo. A Sala das Lágrimas, onde todos os papas começam sua jornada, era o lugar onde seus antecessores haviam ponderado sobre a responsabilidade que aceitaram em nome de Cristo. Muitos choraram ao fazê-lo, razão pela qual o aposento foi batizado de Sala das Lágrimas.

Mas o Papa Francisco estava motivado. Em breve, abriria as portas da Igreja para o mundo. Era o primeiro papa jesuíta da História, e o primeiro das Américas. Tinha um pé no Velho Mundo, e outro no Novo. De Portacomaro, na Itália, até Buenos Aires, na Argentina: dois mundos, um só papa.

O Papa Francisco sabia que Ernesto, Nestor e sua irmã mais nova, Maria Elena, acompanhavam a eleição em casa pela tevê, e que, embora seu amado *Los Cuervos de Boedo* não fosse vencer todos os jogos — mesmo ele tendo se tornado papa —, havia vencido o último, e é assim que se vencem os desafios, um de cada vez.

O Papa Francisco se reuniu com Dom Georg Gänswein, o prefeito da Casa Pontifícia, e Dom Jean-Louis Pierre Tauran, o presidente do Pontifício Conselho para o Diálogo Inter-Religioso, na entrada que levava ao balcão central. Cada um deles se postara de um lado da cortina de veludo vermelho, esperando por ele.

— Pronto, Vossa Santidade? — perguntou Dom Tauran.

Jorge fechou os olhos, assentindo.

Era o sinal. Os dois cardeais afastaram as cortinas e Dom Tauran se encaminhou ao microfone instalado no balcão central.

A multidão irrompeu em gritos de euforia e aplausos, e em um segundo voltou a fazer silêncio.

Dom Tauran se inclinou para o microfone.

— *Annuntio vobis gaudium magnum: habemus papam!* — exclamou para o mundo. — Anuncio para vocês com grande alegria: temos um papa!

Jorge endireitou a simples cruz peitoral de ferro sobre o peito, e então caminhou solenemente para o balcão central e encontrou-se com o mundo pela primeira vez como Papa Francisco. Já sabia como concluiria seu discurso:

— Rezem por mim!

Epílogo

NO DIA EM que o Cardeal Jorge Bergoglio foi eleito papa, ocorreu a extração da Loteria Nacional na Argentina. O número vencedor foi o 8235. Alguém comentou que essa foi uma coincidência e tanto, já que o número de inscrição do Papa Francisco no San Lorenzo de Almagro é 88235.
Alguém mais relembrou a célebre declaração de Einstein: "As coincidências são o modo como Deus permanece anônimo".

O cardeal mostrando a flâmula do seu amado time.